Renate Cossmann · Judith Steinbacher

Nikolaus fährt durch den Wald

ars edition

Wie jedes Jahr zur Weihnachtszeit
macht Nikolaus sich fahrbereit:
Er zieht den roten Mantel an,
nimmt Handschuh, Mütze, Stiefel dann,
trinkt schnell noch eine Tasse Tee
und stapft hinaus in Wald und Schnee.

Die Hirsche warten schon im Stall,
Geschenke liegen überall.
Der Nikolaus prüft seine Listen
und packt dann alles ein – in Kisten.
Für alle Kinder groß und klein
soll's ganz gewiß das Rechte sein.

Der Schlitten ist bald hochbeladen
mit all den schönen, bunten Gaben.
»Jetzt spann' ich noch die Hirsche vor,
dann öffne ich das große Tor.«
Kaum sitzt der gute Nikolaus,
hui – geht es in die Nacht hinaus.

Ein Eichhorn sitzt im Tannenbaum,
der Schlitten naht, man hört ihn kaum.
»Hei«, denkt es, »mit der Schlittenfahrt
bleibt mir ein langer Weg erspart!
Denn zu den Futterkrippen
fahr ich viel lieber Schlitten.«
Und heimlich still und leise
geht Eichhorn auf die Reise.

Ein Häschen hockt im tiefen Schnee,
die Pfoten tun ihm schrecklich weh.
»Ach, wenn nur jemand käme
und mich ein Stück mitnähme!«
Da sieht es Niklas' Schlitten
und läßt sich nicht lang bitten.
Schwupp, springt es hurtig hintenauf
und weiter geht's im schnellen Lauf.

»Ei«, denkt das Wildschwein Willibald,
»heut friert's mich jämmerlich im Wald!
Ich seh grad auf dem Schlitten
ist Platz für einen Dritten.«

Ein Rehbock springt noch hinterher,
und diesem folgt sogleich ein Bär.
Fünf Tiere sitzen mitten
auf Niklas' goldnem Schlitten.

Die Hirsche zieh'n und müh'n sich sehr.
»Was ist der Schlitten heut so schwer?«
Es will und will nicht vorwärts gehen,
und endlich bei den Hecken,
da bleibt der Schlitten stecken.

Der Nikolaus weiß nicht warum
und schaut sich erstmal prüfend um.
Da sieht er all die Tiere,
die blinden Passagiere!
»Verflixt, seid ihr noch recht bei Trost!«
ruft Nikolaus darauf erbost.
»Ich muß doch noch in dieser Nacht,
bevor die Kinder aufgewacht,
die Päckchen hier verteilen,
ich muß mich jetzt beeilen!«

»Ach lieber, guter Nikolaus«,
ruft da der Has' ganz kläglich aus.
»Die Futterkrippe ist noch weit,
auch hat es gar so viel geschneit!«
»Und mir knurrt schon der Magen!«
hört Willibald man klagen.
»Zuerst«, sagt da der Nikolaus,
»schiebt ihr mich aus dem Schnee heraus
und macht den Schlitten wieder flott –
ich denke schon an eure Not.«

Der Bär schiebt an, die Hirsche zieh'n,
zur Stadt saust jetzt der Schlitten hin.

Die Tiere gucken hinterher,
dem Hasen ist's ums Herze schwer.
Es schneit und ist so bitter kalt,
und um sie her der dunkle Wald.
Doch schwerer zu ertragen,
das ist der leere Magen.
Sie warten bis zum Morgen
und haben große Sorgen.

Da saust heran der Nikolaus
und steigt aus seinem Schlitten aus.

Kartoffeln, Honig, Rüben, Roggen
Nüsse, Heu und Haferflocken –
am Ende darf ein jeder fressen,
denn keinen hat er heut vergessen.

Schaut her – der Nikolaus hat diese Nacht
für alle etwas mitgebracht.

Ausstattung und Herstellung ars edition, München
Printed in Belgium · ISBN 3-7607-7733-3